Zurück ins Leben

Nicole Jüngling
Zurück ins Leben
Wie es wirklich war.
Die Kraft der Musik

Bibliografische Information der Deutschen Nationalbibliothek.
Die Deutsche Nationalbibliothek verzeichnet diese Publikation in der Deutschen Nationalbibliografie; detaillierte bibliografische Daten sind im Internet über http://dnb.dnb.de abrufbar.

Die automatisierte Analyse des Werkes, um daraus Informationen, insbesondere über Muster, Trends und Korrelationen gemäß § 44b UrhG (»Text und Data Mining«), zu gewinnen, ist untersagt.

© 2025 Nicole Jüngling

Grafik: SoleilC/ Angel Soler Gollonet/ basovcomua/ piyaphong/ Shutterstock.com

Verlag: BoD · Books on Demand GmbH, Überseering 33, 22297 Hamburg, bod@bod.de

Druck: Libri Plureos GmbH, Friedensallee 273, 22763 Hamburg

ISBN 978-3-7597-8090-4

Eigentlich war es ein Tag wie jeder andere, dieser 09.09.1987. Es war ein Mittwoch und ein schöner spätsommerlicher oder frühherbstlicher Tag. Ich war zwölf Jahre alt, eine gute Schülerin, wohnte in der damaligen DDR und hatte den Kopf voller verrückter Ideen, wie wahrscheinlich jeder in meinem Alter. Ich fing langsam an, mich für Jungen zu interessieren, und auch der Moped-Führerschein stand auf meinem Lebensplan. Die dazu notwendigen Unterlagen wollte meine Freundin besorgen und als Grundlage sollte der DRK-Lehrgang (»Lebensrettende Sofortmaßnahmen«) dienen, den wir in der Schule absolvieren konnten.

Schlagzeugerin wollte ich werden. In der Großstadt Hamburg im Panikorchester mitzutrommeln, das war mein großer Traum. Ich hatte mich, mit etwa zehn Jahren, unsterblich in die Stimme von Udo Lindenberg verliebt, die etwas von Straße hatte und mir damit überaus vertraut erschien. Noch dazu kam er aus dem Westen, war zur damaligen Zeit des »Kalten Krieges« zumindest für uns Ostdeutsche verboten, und das machte ihn gleich noch »attraktiver«. Dass dadurch eine Karriere als Musikerin in Hamburg, das ja im westlichen Teil von Deutschland lag, und somit undenkbar war, interessierte mich erst einmal nicht. Ich würde es schaffen, das wusste ich, schon damals war mein Motto: »Geht nicht, gibts nicht.« Auch war ich mit meinen zwölf Jahren musikalisch bereits ziemlich aktiv im Jugendblasorchester, wo ich Schlagzeugunterricht nahm. Zuvor hatte ich mich auch am Bariton und dem Flügelhorn, beides Blasinstrumente, versucht, meiner Mama zuliebe, die es schön fand, eine Tochter im Orchester zu haben. Aber das war alles nicht meins, erst mit Udo kam der Traum einer Musikerin zurück. Doch in der damaligen DDR wurde eine sportliche Freizeitbeschäftigung angestrebt und ich begann zusätzlich mit dem Tischtennis, was später mein Verhängnis werden sollte.

An den 09.09.1987 kann ich mich noch sehr gut erinnern, da

an diesem Tag mein ganzes Leben von einer Minute zur anderen auf den Kopf gestellt, ja fast beendet wurde. Der Tag an sich war schon Stress pur. Erst Schule, dann Pioniernachmittag und abends auch noch Tischtennistraining, weil irgendein wichtiges Turnier bevorstand. Ich war sowieso spät dran, raste also mit dem Fahrrad die Straße entlang und wollte, ohne ein Handzeichen zu geben, die Fahrbahn überqueren. Meine Freundin Angela muss mir noch zugerufen haben, dass ein Bus im Anmarsch sei, aber ich war ja schon fast drüben. Viele Jahre später erfuhr ich, dass der Bus mit 80 Sachen unterwegs gewesen war, obwohl es eine 30er-Zone war. Prinzipiell unverständlich, da sich zwei Schulen und ein Kindergarten an dieser Straße befanden. Ob es aber wirklich so war, weiß ich nicht.

Den weiteren Tagesverlauf kenne ich nur noch von Erzählungen. Meine Erinnerungen beginnen erst wieder am 20.10.1987. Als ich aufwachte, lag ich in einem großen weißen Raum. Alles um mich herum war weiß und wirkte steril. Wo ich war, wusste ich zwar nicht, aber es interessierte mich momentan auch nicht. Auch die Stille empfand ich komischerweise als angenehm. Irgendwie war ich müde, obwohl ich gerade erst aufgewacht war. Ich fühlte mich so schwach.

Eine Frage drängte sich mir dennoch auf: Wer war ich? Und vor allem: Wie alt war ich? Inzwischen wusste ich auch, dass ich im Krankenhaus lag. Aber wieso???

Irgendwann kam dann jemand ins Zimmer und erzählte mir was von einem Unfall. Zum damaligen Zeitpunkt begriff ich nicht, was sie sagte, und nahm es erst mal so hin. Ändern konnte ich ja ohnehin nichts. Die besagte Person kam dann jeden Tag zu mir ins Krankenhaus und mir wurde gesagt, dass sie meine Mutter sei. Den Begriff »Mutter« konnte ich damals noch nicht so recht einordnen. Ich wusste aber, dass er etwas Gutes bedeutete. Ich brauchte noch etwa ein bis zwei Wochen, bis ich verstand, was eigentlich mit mir geschehen war: Ich lag im Krankenhaus, weil ich einen Verkehrsunfall erlitten hatte. Ich dachte: Ich und Unfall? Das kann nicht sein! So etwas gibt es doch nur im Fernsehen. Aber nein! Das war echt und ich hatte die Titelrolle bekommen.

Von diesem Tag an hatte ich ständig Besuch. Dauernd kamen irgendwelche Ärzte und wollten etwas. Langsam wurde mir klar, dass mein Leben jetzt noch einmal beginnen würde und ich mit fast dreizehn Jahren von vorn anfangen müsste. Ich wusste damals zum Glück noch nicht, was mich erwartete, welche Auswirkungen dieser Unfall für mein späteres Leben haben würde.

Ich wollte es wohl auch gar nicht wissen.

Das Erste, was ich wieder lernen sollte, war das Schlucken. Durch die sechs Wochen Koma und die ausschließlich flüssige Ernährung war ich ganz schön abgemagert. Das sollte sich nun ändern! Obwohl die Ärzte es für zwecklos hielten, da ich mich angeblich schon an einem Tropfen Tee verschlucken würde, versuchte Mutti es. Ich glaube, die Ärzte hatten mich ohnehin schon abgeschrieben. Aber genau das spornte mich an. Sicher fehlte ihnen auch die Zeit, sich intensiv um mich zu kümmern. Zum Glück kam meine Mutti jeden Tag und betreute mich wie eine Krankenschwester. Endlich wurde mir meine Magensonde entfernt, denn mit einem Schlauch, der durch die Nase in den Magen führt, isst es sich ein bisschen schlecht. Jedenfalls fingen wir mit Saft an. Weiter ging's mit Suppe und abends aß ich sogar schon Quarkspeise. Wieder standen sämtliche Ärzte um mein Bett herum und bewunderten, was meine Mutter geleistet hatte. Eigentlich war es für sie eine Selbstverständlichkeit. Groß war die Auswahl für sie ohnehin nicht. Entweder sie bemühte sich mit allen ihren Kräften und versuchte mich wieder »hinzukriegen«, oder sie hätte fortan einen Pflegefall, der ich im Grunde ja auch war.

Nun hatte ich also mein erstes Erfolgserlebnis: Ich konnte wieder allein essen. Das stärkte zumindest etwas mein Selbstvertrauen. Auch die Schwestern bemerkten die Fortschritte und dass es mit mir vorwärtsging. Natürlich fragten sie meine Mutter nach meinen Lieblingsspeisen, um auch einen Beitrag zu meinem Wohlbefinden zu leisten. Freuten sie sich doch mindestens genauso. Dass ich die Intensivstation lebendig verlassen konnte, grenzte sowieso an ein kleines Wunder.

Mein nächstes Problem war die Klingel. Zuerst war ich zu schwach, um diese zu betätigen. Man versucht es mit einer Babyklapper, aber ohne Erfolg. Nach etlichen Wochen, einer gefühlten Ewigkeit, schaffte ich es endlich, aber ich konnte dann noch nicht einmal sagen, was ich wollte, denn durch den Luftröhrenschnitt, der mir auf der Intensivstation verpasst worden war, wegen Luftmangel oder so, hatte ich nun ein Loch im Hals, das erst zuwachsen musste. Außer Nicken und Kopfschütteln war nichts drin. Das bedeutete jedes Mal ein großes Rätselraten bei den Schwestern und auch bei meiner Mutter. Mehr als einmal verzweifelten wir fast an dieser »Fragestunde«. Alles aufzuschreiben, das wäre es gewesen. Aber auch das ging nicht mehr. Ich konnte keinen Stift halten, geschweige denn schreiben.

Ein Mädchen, das am Blinddarm operiert werden musste, wurde zu mir ins Zimmer gelegt. Ich hatte sodann eine Bettnachbarin und zugleich jemanden, der mir zeigte, wie man einen Stift hält.

Mit dem Lesen war es nicht viel anders. Zum Glück kamen nach einiger Zeit diesbezüglich meine Erinnerungen wieder. Der Gedanke, noch mal in die erste Klasse zu müssen, um das Alphabet zu lernen, gefiel mir gar nicht. Ich wollte wieder in meine alte Klasse zurück. Aber den Zahn musste ich mir ziehen lassen.

Inzwischen hatte ein neues Jahr begonnen und ich hatte mich langsam an den Krankenhausalltag gewöhnt. Ich bekam sogar einen Rollstuhl gestellt, sodass ich zusammen mit meiner Mutter auch mal nach draußen konnte. Ich hatte schon ganz vergessen, wie das Leben außerhalb des Klinikums war. Ich spürte wieder ein bisschen, dass ich noch lebte. Die Luft war eisig, aber ich war dick angezogen. Ich empfand es quasi wie eine Wiedergeburt. Zum Schutz meines Kopfes, der nun durch meinen doppelten Schädelbasisbruch mit drei Narben verziert war, bekam ich die Mütze einer Babypuppe auf. Viel größer war mein Kopf ja auch nicht. Meine abrasierten Haare wuchsen auch langsam wieder nach.

Es war jetzt so weit, mit der Physiotherapie zu beginnen. Meine Muskeln hatten sich in der Zeit, als ich nur im Bett lag, ziemlich zurückgebildet und ich wollte endlich aus diesem blöden Rollstuhl heraus. Nicht im Traum wäre mir eingefallen, mein Leben darin weiterzuführen. Aber so einfach, wie ich mir das vorgestellt hatte, war es nicht. Ich musste mir eingestehen, dass ganz viele Dinge, die ich früher so nebenbei gemacht hatte, jetzt einer enormen Anstrengung bedurften. Und noch nicht einmal dann gelangen sie sofort. Wie oft habe ich damals gedacht: Das wird doch NIE was und wozu das alles? Meine Physiotherapeutin habe ich gehasst. Was die alles von mir verlangte! Erst heute weiß ich, wie viel ich dieser Frau zu verdanken habe. Leider konnte ich sie später nicht mehr ausfindig machen, um ihr zu zeigen, was aus mir geworden ist. Denn ohne sie und meine Mutter wäre ich sicher auf der Strecke geblieben.

Nebenbei ging oder besser gesagt fuhr ich zum Schwimmen. Wir hatten im Krankenhaus ein Übungsbecken und darin sollte ich mich versuchen. Aber wie gesagt, versuchen! Das ging jedoch auch nicht mehr. Es war zum AUSWACHSEN!

Na, zum Glück wuchs meine Narbe an meinem Hals so langsam zu und ich fing noch einmal damit an, sprechen zu lernen. Anfangs war es zwar nur ein leises Hauchen, aber das war mir egal. Hatte ich doch früher schon so gern geschnattert. Ich glaube, die Zeit, als ich nicht sprechen konnte, war die schlimmste für mich. Ich darf gar nicht daran zurückdenken.

Jedes Mal, wenn ich übers Wochenende nach Hause durfte, musste meine Mutter das Alphabet aufschreiben. Ich zeigte dann der Reihe nach auf die jeweiligen Buchstaben, bis diese ein Wort ergaben. So verständigten wir uns über einen ziemlich langen Zeitraum. Beim Sprechen lernen fing ich mit »Mama« und »Papa« an. Komisch war es schon, mit fast dreizehn Jahren noch mal so von vorn zu beginnen. Aber es half nun mal nichts. Meine Mutter brachte mir einen Fernseher mit, denn ich sollte so oft wie möglich Wörter hören. Genauso schnell, wie ich damals als Baby sprechen gelernt hatte, ging es jetzt auch. Vieles war ohnehin meinem damaligen Lernprozess recht ähnlich.

Ich glaube, es ist kein Fehler, wenn ich sage, dass ich in dieser Zeit zum zweiten Mal geboren wurde.

Langsam kamen die Erinnerungen zurück. Einige davon jedenfalls. Ich begann mich wieder für Musik zu interessieren. Mein Geschmack hatte sich keineswegs geändert, und das war auch gut so, denn, wie mir Mutti erzählte, hatte ich schon im Koma auf den Namen »Udo Lindenberg« mit einer besonderen Art zu lächeln reagiert. Dass ich hören konnte, war also da schon klar.

Auch ließ mich mein geistiger Zustand auf eine »normale« Zukunft hoffen. Jedenfalls erkannte meine Mutter daran, dass ich noch immer ihre Nicole war. Ganz so selbstverständlich ist das bei diesen Verletzungen, die sich auf das Gehirn beschränken, nämlich nicht. Auch wagte kein Arzt, geschweige die Pflegekräfte, eine Prognose. Unüberlegte Äußerungen wie »Was soll hieraus denn noch werden?« verunsicherten meine Mutter zusätzlich, wie auch am Unfallort schon von »Exitus« gesprochen worden war, weil weder meine Atmung noch mein Puls messbar waren. Ich habe es quasi nur der Anwesenheit meiner Mutter zu verdanken, dass nicht der Leichenwagen geholt wurde.

Gleich zu Therapiebeginn brachte mir meine Mutter den Kassettenrecorder mit. Sie wusste um die Wirkung der Songs von Udo Lindenberg auf mich, die sich wie Balsam auf meine Seele legten und ein enormer Ansporn waren. Wie dringend ich diesen brauchte, war mehr als sichtbar. Auch ließ die Wirkung sportlicher Übungen im Rahmen der Physiotherapie noch eine ganze Weile auf sich warten, sodass wir uns erst einmal um meinen »Seelenfrieden« kümmerten. Meine Muskulatur war so gut wie weg, zumindest war sie so sehr geschwächt, dass ich in dieser Zeit wohl sehr oft zweifelte, es jemals wieder ohne Rollstuhl zu schaffen.

Bei meiner Entlassung, am 03.03.1988, sagte mir meine Ärztin, dass das hier nun mein Schicksal sei und ich mein Leben lang an den Rollstuhl gefesselt sein würde. Wie konnte jemand einem Kind so etwas sagen? Ich verstand es in diesem Moment auch nicht, da ich ja noch viel zu viel vorhatte.

Meine erste Reaktion, die in Form von Resignation daherkam, wurde aber schon bald von einer »Jetzt erst recht«-Haltung abgelöst. Ich erinnere mich noch, wie ich zu meiner Mutter sagte: »Denen werde ich es schon zeigen, wenn ich hier Rad schlagend den Gang entlangkomme.« Sicherlich war ich damals mehr als beunruhigt, denn ob alles so kommen würde, wie ich es mir einredete, stellte für mich ein riesengroßes Fragezeichen dar. Ich kannte meine Situation zwar, aber es war nur gut, dass ich so dachte, auch wenn mir die Worte der Ärztin, die mir prophezeit hatte, dass ich mein Leben im Rollstuhl würde verbringen müssen, noch öfter schmerzlich bewusst wurden. Das wollte ich unter gar keinen Umständen. Ich fing an, mich mit allen mir zur Verfügung stehenden Kräften zu wehren. Es folgte eine Zeit des Kämpfens und des Leidens.

Für mich begann ein neuer Lebensabschnitt, als ich nach Hause kam. Ich wohnte damals mit meiner Mutter in einer Neubauwohnung in der vierten Etage, sogenannte Plattenbauwohnung [üblich in Ostdeutschland]. Zu der Zeit hatten selbst neue Häuser nur vereinzelt Aufzüge, und das auch erst ab dem fünften Stockwerk. Den Rollstuhl stellten wir also unten an den Briefkästen ab, denn die Wohnung war keineswegs dafür ausgerichtet.

Irgendwie musste ich nun nach oben! Meine Mutter, selbst eine zierliche Person, nahm mich auf ihren Rücken und schleppte mich bis zu unserer Wohnung. Völlig außer Puste davor angekommen, holte sie mir einen Hocker, um mir die Schuhe auszuziehen. In der Wohnung bin ich dann gekrochen, auf allen vieren – wie ein Hund. Ich kam mir echt blöd vor, aber was half es! Ich konnte doch froh sein, dass ich überhaupt noch lebte. Ich glaube aber nicht, dass ich das zu diesem Zeitpunkt wirklich war. Eigentlich war ich doch nur eine Last, die nichts, aber auch gar nichts mehr allein konnte. Ich weiß nicht, wie Mutti das alles ertragen hat. Füttern musste sie mich. Essen konnte ich zwar wieder, aber einen Löffel oder eine Gabel zu halten fiel mir noch schwer.

So langsam wurden für Mutti die Zeit und das Geld knapp und sie musste wieder arbeiten. Auch ich wollte wieder in mein altes Leben zurück, soll heißen, ich wollte wieder in meine Schule. Glücklicherweise boten uns die Lehrer Hilfe an, indem sie sich bereit erklärten, mich erst einmal zu Hause zu unterrichten. Euphorisch wie jeher, wollte ich in meine alte Klasse zurück. Aber auch diesen Zahn musste ich mir ziehen lassen. Immerhin hatte ich ein halbes Jahr versäumt, und auch die Lehrer mussten erst mal sehen, inwieweit ich noch etwas wusste. Hier half mir meine frühere gute Auffassungsgabe. Ich wurde also mit dem Stoff der vorherigen sechsten Klasse beschult und wusste überraschenderweise noch fast alles.

In diesen vier Wochen konnte meine Mutter auch wieder arbeiten gehen, denn ich war ja nicht allein, sondern quasi unter Aufsicht. Kriechend war ich schon imstande, die Tür zu öffnen und mich dann selbstständig am Stuhl hochzuziehen.

Meine kräftige Oberarmmuskulatur kommt also nicht von ungefähr.

Meine gute Erinnerungs- und Auffassungsgabe hatte zur Folge, dass ich bereits nach vier Wochen in meine alte Schule zurückdurfte. Ich musste zwar in eine neue Klasse, aber ich war wieder unter Menschen, was ich für enorm wichtig hielt. Am Anfang schien alles wieder in Ordnung zu sein. Ich war zwar nun auf den Rollstuhl angewiesen, aber meine neuen Klassenkameraden holten mich im Wechsel von zu Hause ab und halfen mir in der Schule, die Räume zu wechseln. Nach dem Unterricht holte mich Mutti von der Schule ab. Zu Hause angekommen, begann für uns beide dann die Spätschicht, das Lauftraining. Mutti setzte sich in den Rollstuhl und ich musste ihn schieben. Anfangs stellte ich mich zwar an wie der erste Mensch, aber von Mal zu Mal wurde es besser. Durch das tägliche Üben schaffte ich es dann auch, allein die Treppen hochzusteigen, wobei ich mich mehr oder weniger am Geländer nach oben zog. Innerhalb der Wohnung tastete ich mich mit beiden Händen an der Wand entlang, konnte mich also schon aufrecht fortbewegen.

Diese Fortschritte waren im Moment aber die einzigen erfreulichen Dinge. In der Schule wurde es täglich schlimmer. Das Interesse an mir und der Bereitstellung der Hilfe, die ich eigentlich benötigte, sank rapide, angefangen damit, dass mich morgens keiner mehr abholte. Ich solle doch zusehen, wie ich in die Schule komme, wurde uns mehr oder weniger vermittelt. Ich war tief enttäuscht über diese Entwicklung. Da Mutti nicht weit entfernt von der Schule arbeitete, brachte sie mich eine Zeit lang dorthin, damit ich rechtzeitig zum Unterrichtsbeginn vor Ort war. Bei den Treppen zog ich mich am Geländer hoch, wie zu Hause. Um in einen anderen Raum zu gelangen, tastete ich mich wieder an der Wand entlang. Irgendwann bekam ich zwei Unterarmstützen, die mein Vater besorgt hatte. Obwohl meine Eltern schon mehrere Jahre geschieden waren, unterstützte er meine Mutter sehr in dieser schwierigen Zeit. Er war wieder neu verheiratet, wohnte aber nach wie vor im selben Ort wie wir. Seine neue Frau musste sich mit diesem neuen Umstand arrangieren, was aus heutiger Sicht sicher nicht selbstverständlich war. Mit den Gehstützen übten wir dann täglich, sodass ich den Rollstuhl bald ganz vergessen konnte. Nur zur Schule musste ich noch gebracht werden. Meine Freude darüber hielt sich aber in Grenzen. Mir dauerte alles viel zu lang.

Ich hatte während dieser Zeit ständig Probleme mit meinen Klassenkameraden. Nicht nur, dass sich keiner mehr für mich interessierte, ich sollte auch bald zu spüren bekommen, was es heißt, behindert zu sein. Plötzlich störten sich alle daran, dass ich anders war, und mieden mich, als hätte ich eine ansteckende Krankheit. Meine Eltern und Lehrer waren in dieser Phase meine einzigen Freunde. Doch die Hilfsbereitschaft der Lehrer wurde als bevorzugtes Behandeln meiner Person angesehen und verschaffte mir sogleich noch ein Problem. Um die Wogen etwas zu glätten, entschloss ich mich, meine Jugendweihe mit der neuen Klasse, also ein Jahr später zu feiern. Viel veränderte das aber nicht. Als wenn die Hänseleien der Mitschüler nicht schon gereicht hätten, machte eine Lehrerin, der ich einfach zu unbequem war, es sich zur Aufgabe, mir das Leben zur Hölle zu machen. Frau D. zeigte mir ständig ziemlich deutlich, was ich alles nicht konnte und dass ich ja auch gar nicht an diese Schule gehöre. Mehr noch, ihr schien es Spaß zu machen, mich vor der gesamten Klasse vorzuführen. Wie sonst sollte ich es werten, dass sie mich öfter an die Tafel holte und mich vorrechnen ließ. Hatte ich schon Schwierigkeiten, das Stück Kreide zu halten, so sollte plötzlich das Rechenergebnis per Lineal doppelt unterstrichen werden. Das Lineal war fast so groß wie ich, demzufolge war das für mich genauso eine Quälerei wie das Hochschieben und Säubern der Tafel. Ihrer Freundschaft zu einer Sozialpädagogin hatte ich es zu verdanken, dass ich in eine Spezialeinrichtung abgeschoben werden sollte, wie ich später erfuhr. Der Gedanke, an eine Körperbehindertenschule zu kommen, bereitete mir große Probleme. Ich wollte nicht ausgegrenzt sein, und behindert fühlte ich mich gleich gar nicht. Aber ich kam nicht drum herum, mir eine solche Einrichtung mal anzusehen und zu überlegen, ob es nicht vielleicht doch etwas für mich wäre. Eine Woche sollte ich probieren, mich mit einer Körperbehindertenschule anzufreunden. Ohne richtig zu wissen, was ich hier sollte, ließ ich es über mich ergehen. Es war für mich total einfach. Da wir in unserer Schule schon viel weiter waren und in der Körperbehindertenschule der Unterrichtsstoff so langsam abgearbeitet wurde, wurde mir bald langweilig. Auch kam ich mir irgendwie weggesperrt vor. Obwohl hier jeder irgendein Handicap hatte, wollte ich keine Verbindung zu irgendeinem von meinen Mitschülern aufbauen. All das Elend schreckte mich ab. Hier gehörte ich keinesfalls hin. Ich wollte bloß weg von diesem Ort, wo ich nur Behinderte sah.

Schon am zweiten Tag flehte ich meine Mutter an, mich wieder abzuholen, und weinte ins Telefon, das damals eigentlich kaum einer besaß. Auch wir hatten keines, nur die damalige Beziehung meiner Mutter verfügte durch seinen Bereitschaftsdienst über diesen Luxus, der dadurch auch mir zuteil wurde. Aber dennoch musste ich diese Woche noch durchhalten. Endlich kam der Freitag, an dem sich entscheiden sollte, was weiter mit mir passieren würde. Als ich den Speiseraum betrat und ich meine Eltern mit der Direktorin zusammensitzen sah, brach für mich eine Welt zusammen. Dachte ich doch, dass alles schon beschlossen sei. Am liebsten hätte ich losgeheult, ich wollte vor meinen Eltern meine Schwäche aber nicht zeigen. Ich hatte sowieso langsam verlernt, Gefühle zu zeigen, dachte immer bloß, stark sein zu müssen. Glück und Freude waren für mich fast Fremdworte geworden. Mein Leben war ein einziger Kampf gegen alles und jeden und vor allem mit mir selbst. Sicherlich bin ich damals oft nicht verstanden worden, aber ohne diesen Schutzpanzer hätte ich vieles nicht geschafft. Außerdem war es immer wieder Udo Lindenberg, der mir durch seine Songs Kraft gab und einen Sinn weiterzuleben.

Meine Eltern nahmen mich jedenfalls wieder mit nach Hause. Ich glaube, sie merkten deutlich, dass es meinen Tod bedeutet hätte, wenn ich noch eine Sekunde länger in dieser Schule geblieben wäre. Auf dem Rückweg weinte ich immer noch in mich hinein. Wie ich erst viel später erfuhr, hatte die alleinige Entscheidung aber gar nicht bei meinen Eltern gelegen. Mein weiterer Verbleib war viel weiter oben entschieden worden und ich hatte sagenhaftes Glück, dass mein bereits bezahlter Platz weitergegeben werden konnte.

Die Tage, die ich in der Körperbehindertenschule verbrachte, hatten Spuren bei mir hinterlassen. Viele Tränen hatte ich dort vergossen. Ich wurde härter zu mir selbst. Zurück in meiner alten Schule, begann für mich erneut der Kampf. Die neunte Klasse empfand ich als die schlimmste. Meine Klassenkameraden mobbten mich immer mehr, bewarfen mich mit Bananenschalen, kopierten meinen spastischen Laufstil und es ging bis zu verbalen Beleidigungen. Scheinbar wollten sie es auf die Spitze treiben und machten sich einen Spaß daraus, mich zu demütigen. Täglich musste ich im Stehen Mittag essen, weil mir keiner den Teller zum Tisch brachte. Waren Lehrer in Sicht, wurde mir der Teller natürlich gebracht, aber zu einem Tisch, der bald außerhalb des Speiseraums lag. Dieser Saal war im Keller der Schule. Jeden Mittag hatten wir dreißig Minuten Zeit, ihn über unzählige Stufen zu erreichen und dort eine warme Mahlzeit einzunehmen. An der sogenannten Essensausgabe standen jeweils vier Küchenfrauen, die die Schulkinder »bedienten«. Und genau am linken Ende dieser Ausgabe, gleich neben dem Besteck, stand ich oft und beeilte mich, diesen Ort so schnell wie möglich wieder zu verlassen. Dadurch, dass im Ostteil Deutschlands jede Mutter arbeitete, ging es eigentlich gar nicht anders, als den Schulkindern ein warmes Mittagessen anzubieten. Obwohl ich zu den Küchenfrauen eine fast freundschaftliche Beziehung aufgebaut hatte, bedeutete jeder Tag eine neue Überwindung für mich.

Die seelischen Schmerzen, die ich überwiegend mit mir selbst ausmachte, erforderten manchmal auch Hausbesuche meiner Mutter bei den Eltern meiner Klassenkameraden. Aber ich sprach nicht oft über das Erlebte. Ich versuchte wirklich immer, so schnell wie möglich nach Hause zu kommen und die schulfreie Zeit in meinem Zimmer zu verbringen. Die Traumwelt um Udo, die ich mir aufgebaut hatte, ließ mich alles besser ertragen.

Auch hatte sich in der Zwischenzeit mein Laufen weiter stabilisiert. Mein Vater hatte mir an seiner Arbeitsstelle ein behindertengerechtes Fahrrad zusammengebaut. Von meinem Roller, der seit der Kindheit im Keller stand, wurden die Räder abmontiert und als Stützräder an ein normales Minirad angebaut. Auf den Gepäckträger kam ein alter Gemüsekorb, worin ich jeden Morgen meine Schulmappe verstaute. Dieses Fahrrad, das mit seinen Stoßdämpfern fast einem Trekkingrad glich, durfte ich freundlicherweise im Abstellraum der Großküche lassen, durch den ich jeden Morgen die Schule betrat, praktisch durch einen Hintereingang. Denn nur dieser war barrierefrei und daher für mich ideal. Aber auch das Fahrradfahren war nicht ohne Weiteres möglich, auch das musste ich praktisch wieder neu erlernen. Anfangs natürlich mit dem Beistand meiner Mutter, mit der Zeit wurde ich aber zunehmend sicherer und fuhr allein.

In diese Zeit fiel auch die politische Wende. Zum Glück war jetzt mal etwas anderes interessant. Ich war für meine Umwelt nicht mehr der Mittelpunkt und wurde für kurze Zeit in Ruhe gelassen. Viel zu einschneidend war diese neue Situation, die nicht nur uns Schüler vor neue Herausforderungen stellte.

Da ich nichts anderes kannte, hatte es mich nie weiter gestört, in der DDR zu leben. Um die Kinder kümmerte man sich dort sehr und wir vermissten eigentlich nichts. Nur den Umgang mit Udo Lindenberg und dessen Auftrittsverbot fand ich schon immer ungerecht und nicht nachvollziehbar. Dadurch verschmähte ich die DDR und diese verklemmte Regierung.

Das änderte sich nun endlich.

Gleich zu Beginn der neunten Klasse sollte mir mein einziger und größter Herzenswunsch erfüllt werden. War ich bis dahin scheinbar nur auf der Verliererseite, so sollte mein Traum jetzt endlich wahr werden. Es war am Ende der großen Sommerferien 1990. Damals dauerten diese noch acht Wochen und das neue Schuljahr begann am 1. September. 1990 fiel dieser aber auf einen Samstag, der Tag war also frei, denn Samstagsunterricht gab es schon eine ganze Weile nicht mehr. Der 01.09.1990 sollte also alles verändern und außerdem meinen Lebensmut bestärken.

Ich hatte den Großteil der Ferien natürlich zu Hause verbracht und blätterte wie an so vielen Tagen lustlos in unserer Tageszeitung. Beim Kulturteil blieb ich hängen und traute meinen Augen nicht. Noch am selben Abend sollte im 35 Kilometer entfernten Cottbus eine im Osten Deutschlands angesehene Unterhaltungsshow namens »Ein Kessel Buntes« stattfinden. Stargast war Udo Lindenberg und sein Panikorchester. Mir entglitten sämtliche Züge. Ich war kreidebleich und spürte, wie das Blut in meinem Gehirn zu rauschen begann. Mutti hatte mitbekommen, was mich von jetzt auf gleich aus der Fassung brachte. Sie sah meine Hilflosigkeit, sprang auf und holte den Busfahrplan. Noch ehe ich es richtig begriff, sah ich sie schon in Schuhen und Mantel. Da wir weder Telefon noch Auto hatten, war der Bus die einzige Möglichkeit, nach Cottbus zu kommen, um vielleicht noch etwas zu erreichen. Ich vertraute auf ihre Aussage, dass sie eine Freundin in der Gastspieldirektion habe, denn ich wollte mich an irgendetwas klammern, was die Hoffnung auf Karten rechtfertigte. Der nächste Bus nach Cottbus würde in etwa dreißig Minuten abfahren, und weg war sie. Das Mittagessen, das gerade auf dem Tisch stand, blieb unangetastet, mir war ohnehin vor lauter Aufregung der Hunger vergangen.

Nun saß ich da, fast regungslos, und starrte auf die Zeiger der Uhr, die scheinbar angeklebt waren. Eine gefühlte Ewigkeit verbrachte ich so, bis sich endlich der Schlüssel im Schloss unserer Wohnung drehte. Mein Herz begann zu rasen, lauter zu klopfen und mir wurde heiß. Meine Mutter hatte zwei Karten bekommen, sogar in der sechsten Reihe. Dass die einer zurückgegeben habe, hörte ich schon gar nicht mehr.

Ich begann mit den Vorbereitungen für den bevorstehenden Abend. Nervlich war ich so angespannt, dass ich erst in Cottbus wieder so richtig auftaute und meine Sprache vollends wiederfand. Die Show war super gemacht, auch wenn ich eigentlich wie auf Kohlen saß und auf das Ende wartete, denn die Stars des Abends kamen immer zum Schluss, wie ich wusste. Endlich kam die Ansage, auf die ich schon den ganzen Abend gewartet hatte. Die Leute um mich herum begannen zu toben, aber ich saß nur da und sah auf einmal alles wie durch eine Glasscheibe. Ja, ich war ein bisschen wie in Trance. Udo stand schon auf der Bühne, als ich endlich begriff, was gerade passierte. So einen schönen Menschen hatte ich noch nie erlebt. Anmutig und zugleich erotisch, so muss ich ihn damals empfunden haben.

Nach dem letzten Song konnte ich es kaum erwarten, die Stadthalle zu verlassen. Mutti wusste, wo der Hinterausgang war, aus dem alle Stars herauskämen, sagte sie. Also nichts wie hin. Ich begann fast zu schieben, damit alles schneller ging.

Endlich pfiff mir der eisige Wind um die Nase und ich hetzte zur besagten Stelle, wo schon etliche Fans warteten. Als Udo dann kam, stürzten sich alle auf ihn. Ich hatte das Gefühl, als würde ich zur Salzsäule erstarren. Auch wenn ich gewollt hätte, ich konnte mich nicht bewegen. Also blieb mir nur, ihn anzuschauen, regelrecht anzustarren. Als er seine Blicke schweifen ließ und unsere sich kurz trafen, bin ich wohl das erste Mal an diesem Abend gestorben. Augenblicklich spürte ich keine Kälte mehr und wollte nie mehr woanders sein. Nur noch hier stehen!

Udo bemalte ein paar Arme und Jacken, glaube ich, und ergriff dann die Flucht. Ich hatte meine Behinderung vergessen und wusste nur, dass ich ihm hinterherlaufen musste. Ich glaube, ich hörte in diesem Moment auf zu denken. Ich lief nur noch. Auch die dicken Kabel zwischen den ganzen kleinen Containern, die wahrscheinlich sämtliche Technik beinhalteten, sah ich nicht.

Endlich stand ich, völlig abgehetzt und mit ausgetrockneter Kehle, vor dem Hotel und sah Udo noch hinter der riesigen Glastür verschwinden. Ich klebte an der Fensterscheibe, die auf einmal eine Mauer geworden war und über Glück und Unglück, Leben und Tod entschied. Plötzlich tauchte meine Mutti wieder neben mir auf, die ich schon fast vergessen hatte, und zeigte mir den Schlüssel zum Glück. Ich befand mich kurz darauf im Foyer des Hotels, sah mich um und wollte sofort zu den Zimmern. Es passierte alles wie in Trance. Ich wollte nur noch zu Udo.

Mutti hatte aber gesehen, dass er ins Restaurant gegangen war. Also bin ich dorthin. Am Eingang zögerte ich noch kurz, weil ich vor lauter Aufregung mal wieder gar nichts sah. Udos Biografie »El Panico«, die ich eingesteckt hatte, zog ich heraus und trat ein paar Schritte ins Restaurant. Jetzt sah ich zumindest den Hut, begriff aber gleichzeitig den Wahnsinn meiner Aktion.

Doch zurück konnte ich nun nicht mehr, stand ich doch schon fast neben ihm.

Udo sprach mit seinem Gegenüber und hatte mich noch nicht bemerkt. Ich tippte ihm also auf die Schulter und er drehte sich mir zu. Seine Augen waren magisch schön und ich flüsterte, er möge doch bitte etwas in das Buch einschreiben.

»Natürlich!! Ahoi …Wie heißt du?«, hörte ich ihn fragen.

Ja, wie heiße ich? Das Blut begann wieder zu rauschen. Ich zitterte am ganzen Körper, rang nach Luft und brachte ein mehr oder weniger gehauchtes »Nicole« heraus. Meine Stimme bebte, doch Udo blieb cool, malte einen Kuss-mund, unterschrieb und der Rausch war fast vorbei. Da ich mich nicht traute, ihm um den Hals zu fallen, was ich natürlich am liebsten getan hätte, bedankte ich mich mit einem leichten Schlag auf seine Schulter und ging.

Diese Situation war auch für Mutti zu viel, sodass sie ganz vergaß, ein Foto zu machen, als ich neben Udo stand. Der Apparat lag in der Tasche, aber keiner von uns wagte es, ihn noch mal zu stören. Auch als wir wieder an der Bushaltestelle waren und warteten, hatte ich meine Seifenblase noch nicht verlassen. Die Temperatur war an diesem Septemberabend eisig. Ich fühlte mich aber, als wäre ich gerade in der glutheißen Hölle gewesen. Das Feuer loderte jedenfalls noch immer in mir.

Wie gern hätte ich jedem davon erzählt, doch nicht viele zeigten Interesse dafür. Wo auch immer ich es aber anbringen konnte, tat ich es auch. Zufälligerweise war das Thema unseres ersten Deutschaufsatzes »Begegnung mit einer Person«. Da mir das Wiedergeben von Eindrücken schon immer recht leicht fiel, legte ich jede nur denkbare Emotion in diesen Aufsatz. Leider war das Interesse meiner Mitschüler daran nur von kurzer Dauer und sie fielen bald in ihre alten Verhaltensmuster zurück. Aber durch den Aufsatz holte ich mir das Erlebte immer wieder auf den Plan und kriegte so auch die neunte Klasse irgendwie über die Runden. Die zehnte absolvierte ich dann wieder in einer anderen Klasse.

Durch die Wende wurde unsere alte POS (Polytechnische Oberschule) zur Grundschule und sämtliche Schüler aus der Oberstufe mussten in eine neue Schule. Gleich daneben stand dann unsere spätere Gesamtschule. Einige aus meiner alten Klasse wollten, glaube ich, aufs Gymnasium, was ja auf einmal auch eine Variante war. Mir war es gleich, wollte ich doch nur meine Schulzeit hinter mich bringen. In der Zehnten hatte ich also mein drittes Klassenkollektiv. Großartig Freunde hatte ich auch da keine, aber ich wurde wenigstens in Ruhe gelassen. Die ständigen Demütigungen hatten meine Seele so sehr zerrissen, dass ich, glaube ich, gar nicht mehr fähig gewesen wäre, eine Freundschaft aufzubauen, geschweige denn eine zuzulassen. Ich war inzwischen so verklemmt, dass ich mich kaum noch traute, jemanden anzusprechen.

Als ich endlich im Mai '92, nach fast elf Jahren, die Schule beendete, dachte ich, das Kämpfen habe nun ein Ende, hatte ich doch so weit alles geschafft. Das bisschen Laufen würde schon noch kommen, dachte ich völlig optimistisch. Kurze Strecken konnte ich ja bereits allein gehen. Noch etwas ruckartig zwar, aber immerhin. Auch ging ich seit etwa einem Jahr wieder zum Schlagzeugunterricht. Verstärkt durch meine Begegnung mit Udo, wo ich mich zweifelsohne in ihn verknallt hatte, wurde mein Traum wieder aktuell. Durch meine kaputte Motorik ging jetzt eigentlich alles viel zu langsam, aber ich glaubte fest daran, dass durch Übung alles wiederkommen würde, was natürlich naiv war, aber nun gut.

Der Leiter des Orchesters brachte mir eine kleine Trommel nach Hause, sodass ich auch hier üben konnte. Das tat ich dann auch wie eine Besessene.

Leider musste ich mich alsbald vom Traum der großen Musikerkarriere verabschieden, wie von so vielem, um eine Berufsausbildung zu beginnen. Die Verbindung zu meinem Schlagzeuglehrer riss aber nie ganz ab. Meiner defekten Motorik hatte der Unterricht sicher auch nicht geschadet.

Nun ja. Ich fuhr also mit meiner Mutter zum Arbeitsamt für Rehabilitation zwecks einer Ausbildung. Ein Büroberuf schwebte mir nun gar nicht vor, niemals, und doch sollte es das Büro werden, da ich ja nicht über längere Zeit stehen konnte. Es gewann das Berufsbildungswerk Potsdam, das mit einem Internat verbunden war. Ich fand das zwar alles ziemlich aufregend, die Großstadt Potsdam und so, aber es machte mir auch Angst. Immerhin wäre ich dann auf mich allein gestellt. Und vielleicht wollten die mich gar nicht!

Nach dem Vorstellungsgespräch war klar, dass sie mich doch wollten. Noch in diesem September sollte es losgehen. Ich fuhr mit sehr gemischten Gefühlen nach Potsdam und kam mir am Anfang tatsächlich ziemlich einsam und verlassen vor. Im Internat waren mehrere Lehrgänge untergebracht. Der meinige bestand nur aus Leuten mit Rückenproblemen, Hautekzemen oder anderen, von außen nicht sichtbaren Behinderungen. Wieder war ich eine Außenseiterin! Würde das jemals ein ENDE haben? Mich zog es daher eher zu den Mitschülern der anderen Lehrgänge, von denen auch welche Bewegungshandicaps hatten. So war es einigermaßen auszuhalten. Die Trennung von zu Hause bereitete mir auch seelisch ganz schön Probleme.

Das änderte sich etwa drei Wochen später. Unsere Leute wollten zur Disco. Obwohl ich nicht wusste, was ich da sollte, ging ich mit, konnte ich mich doch nicht schon wieder von allem ausschließen. Natürlich lief ich mal wieder allein, wie ein »Hund ohne Schwanz«, und es dauerte gar nicht lange, bis ich die anderen aus den Augen verlor. Ich redete mir ein, dass sie mich mit Absicht abgehängt hätten, und beschloss zurückzukehren. Ich fragte ein paar Bauarbeiter nach der nächsten Straßenbahnhaltestelle und fuhr zurück nach Potsdam-Babelsberg.

Dass ich noch nicht wieder ins Internat konnte, wurde mir schon beim Aussteigen klar. Die Blöße, irgendwelche Fragen hierzu beantworten zu müssen, wollte ich mir nicht geben. Den Tränen war ich ohnehin schon wieder ziemlich nah. Am liebsten wäre ich abgehauen, irgendwohin. Am besten nach Hause zu Mutti, aber bis dorthin waren es fast zwei Stunden Zugfahrt. Also ging ich in die Kneipe, die direkt an der Haltestelle lag. Für mich war das total komisch. Ich war noch niemals zuvor in einer Kneipe gewesen, wäre da auch nicht hineingegangen, und allein schon gar nicht. Aber ich musste ja irgendwohin, wenigstens für zwei bis drei Stunden.

Bei jedem Schritt fragte ich mich, was ich hier eigentlich mache. Ja gut, da musste ich jetzt durch. Ich betrat die Gaststätte und wäre am liebsten gleich wieder umgedreht. Ich stand erst mal da »wie bestellt und nicht abgeholt«. Es war nicht übermäßig voll und ich kam mir noch blöder vor, da sich alle Augen auf mich richteten. Zum Glück sprachen mich die Chefs gleich an und ich ging nach vorn zum Tresen. Dort bestellte ich einen Kaffee und wurde ausgefragt. Die anfängliche Scheu war überwunden, als mich auf einmal ein junger Mann fragte, ob er mir auf den Barhocker helfen dürfe. Da ich immer noch wie angewurzelt dastand und die Hocker wirklich extrem hoch waren, nickte ich, sichtlich überrascht von der Tatsache, dass mir mal jemand helfen wollte. Als ich endlich auf dem Barhocker saß, fühlte ich mich wie auf einem Thron. Und was noch besser war: Das letzte bisschen Angst war verflogen.

Der junge Mann stellte sich vor. Erst jetzt sah ich ihn mir so richtig an. Ich fand ihn recht nett und war auch ein bisschen überwältigt davon, dass sich mal einer mit mir abgab. Dass dieses Interesse meiner Person galt und nicht nur Höflichkeit war, zog ich gar nicht in Betracht. Auf einmal hatte ich einen Freund und noch dazu einen von außerhalb des Internats. Ich sollte also die Erste in unserem Ausbildungsjahr sein, und das machte mich schon etwas stolz. Hinzu kam noch ein anderer Umstand: Meine Zeit im Internat schien nun gerettet zu sein.

Die Probleme, die schon bald kamen, schob ich einfach zur Seite. Nie im Traum wäre mir eingefallen, andere Freundschaften aufzubauen. Ich hatte doch schon jemanden, und an dem hielt ich fest. Ich verstand mich auch mit den anderen Lehrlingen immer besser, was meiner Meinung nach an ihm lag. Schließlich war er acht Jahre älter und in meinen Augen ziemlich männlich. Auch wenn ich gar nicht so auf Blond stehe, aber dieses Muskulöse war es wohl, was mich ansprach. Und es war neu, dass sich jemand ernsthaft mit mir abgab, ohne mich fertigzumachen. So vergingen die drei Jahre der Ausbildung und ich verbrachte täglich meine Freizeit mit ihm. Meistens kam er sogar noch zu den Pausen zum Ausbildungsort. Eigentlich war mir das bald zu viel, aber diesbezüglich war kein Reden mit ihm. Auch bekam ich des Öfteren Sprüche der anderen »Azubis« und/oder der Ausbilder zu hören. Besonders von einem, der sich immer recht locker gab und so das Gefühl vermitteln wollte, einer von uns zu sein. Doch ob nun bewusst oder unbewusst, ich fand ihn cool und deshalb schmerzte es mich hier besonders, denn ich hatte insgeheim ein Auge auf ihn geworfen, was den anderen Lehrkräften sowie meinen »Mitstreitern« auch nicht lange verborgen blieb.

Meinem Freund aber sicher nicht, dafür war er viel zu sehr mit sich selbst beschäftigt, und so etwas wie Mitgefühl kannte er sowieso nicht. Ich hatte eigentlich bereits nach vierzehn Tagen gewusst, dass er nichts für mich war, aber besser, als wieder allein zu sein, dachte ich damals, ist es allemal. Das gemeinsame Schicksal hielt ich irgendwie für bindend oder sah es selbst als fehlendes Puzzleteil oder was weiß ich an. Er hatte vor Zeiten auch einen Unfall erlitten und scheinbar Ähnliches wie ich erlebt. Seine Verlustängste löste er mit Alkohol und ich schien oftmals der Prellbock für irgendwelche früheren negativen Erlebnisse zu sein. Nein, er schien kein bisschen nachvollziehen zu können, dass ich jetzt auch erst mal spüren und erleben wollte, was die Zukunft so an Abenteuer für mich bereithält.

Auf keinen Fall wollte ich über jeden meiner Schritte Rechenschaft ablegen müssen. Der ständige Alkohol, in den ich mich zunächst auch vorrübergehend flüchtete, tat sein Übriges. Wir stritten fast täglich, diskutierten nächtelang, und es dauerte nicht lange, bis die ersten Schläge von ihm folgten. Ich war ihm rhetorisch haushoch überlegen, und das kostete ich aus. Ich weiß gar nicht genau, warum. Vielleicht, um auch einmal diejenige zu sein, die überlegen war. Keine Ahnung. Jedenfalls sammelten sich im Laufe meiner Ausbildung etliche Atteste an, die mir die Ärzte ausstellten. Viele Hämatome, Kratzwunden bis hin zu einer Gehirnerschütterung. Nicht nur, dass er einmal meinen Kopf mit beiden Händen festhielt, um ihn gegen die Wand zu schlagen, er versuchte auch, mich mit dem Schal zu würgen.

Von alledem bekamen meine Eltern nichts mit. Erst als einmal eine Rechnung über einen Krankentransport ins Haus flatterte, konnte ich es nicht mehr verbergen. Ich versuchte mir die Pulsadern aufzuschneiden, ohne wirklich sterben zu wollen. Eigentlich war es ein Hilferuf. Und der Alkohol hatte auch mal wieder eine Rolle gespielt. Das Ganze passierte nämlich direkt in der Kneipe. Nach einem unbegründeten Eifersuchtsstreit fing ich mich an zu ritzen, und der Gastwirt rief die »Schnelle Medizinische Hilfe«, wie es damals hieß, heute nennt man das einfach Rettungswagen. Es war eine hektische Zeit in den Neunzigern, mit viel zu viel Alkohol und der inneren Suche in mir.

Trotz allem blieb ich bei meinem schlagkräftigen Freund. Meine Angst vor der Einsamkeit war größer. Nie wieder wollte ich die Leere in meinem Herzen spüren müssen! Zudem war ich an all dem nicht ganz schuldlos, denke ich aus heutiger Sicht. Ich konnte mitunter ein ganz schönes Biest sein, der andere bis aufs Blut reizen konnte. Begründet war dies in der Unzufriedenheit, die mich ständig plagte. Auch wollte ich einmal diejenige sein, die überlegen war, die Macht besaß. Nur so lässt es sich erklären, dass die Situation oftmals eskalierte. Trotzdem hoffte ich auf eine Besserung oder auch Lösung und dachte, es würde sich legen, wenn wir zusammenzögen.

Als ich 1995 meine Ausbildung erfolgreich beendet hatte, zog ich sofort zu ihm. Ich hatte ihm diese Wohnung besorgt oder, anders gesagt, dafür gekämpft, dass er endlich bei seinen Großeltern auszog, wo er mit fast dreißig Jahren immer noch gelebt hatte. Nicht nur, dass dort noch nicht einmal ein richtiges Bad vorhanden war, er hatte auch kein eigenes Zimmer gehabt, mehr so eine Art Durchgang, wo ständig jemand durchlief, der zur Toilette musste, die auf dem Hof war. Auch hatte ich mich in den vergangenen drei Jahren zu sehr an Potsdam gewöhnt und war der Meinung, dass es an der Zeit sei, sich auf eigene Beine zu stellen. Sicher tat es mir weh, Mutti allein zu lassen, aber ich fand, sie hatte sich lange genug mit mir herumgeplagt und sollte jetzt einmal an sich denken.

Leider verlief unser Zusammenleben so gar nicht reibungslos, wie anfangs gedacht, und Mutti kam doch nicht zur Ruhe. Ständig war irgendetwas, was Anlass zur Sorge gab. Neben der Arbeitslosigkeit spielte seine grundlose Eifersucht dabei eine große Rolle. Nach zwei endlos langen Jahren des Zusammenlebens fasste ich endlich den Mut zum Auszug. Nachdem ich des Öfteren regelrecht eingesperrt worden war oder vor der verschlossenen Wohnung gestanden hatte, mir die Kreditkarte von ihm weggenommen worden war und so weiter, hielt ich es nicht mehr aus.

Doch auch das Potsdamer Frauenhaus war auf Dauer keine Lösung. Ich hätte zwar dort erst einmal zur Ruhe kommen können, aber da machte mir wieder mein Handicap einen Strich durch die Rechnung. Denn für die Verpflegung waren wir selbst zuständig, und dazu hätte ich wieder mein Dreirad gebraucht. Also suchte ich mir eine kleine, bezahlbare Wohnung und versuchte zum dritten

Mal, ein neues Leben zu beginnen. Mit diesem Schritt hatte ich endlich das erreicht, was ich wollte.

MEIN LEBEN GEHÖRTE JETZT MIR!!!

Zumindest dachte ich das. So war es aber nicht. Es dauerte noch über ein Jahr, bis ich diese »Klette« endlich loswurde. Um genau zu sein, bis jemand Neues in mein Leben trat.

Mein turbulentes Leben wurde aber keinesfalls ruhiger, obwohl ich meine kleine Wohnung meist allein bewohnte. So richtig glücklich war ich aber auch jetzt nicht. Ich fühlte mich so ungebraucht, und auch wenn ich nun wesentlich ruhiger lebte, war es mir doch schon bald zu ruhig. Ich brauchte wieder eine Aufgabe. Das ständige Putzen der Wohnung konnte es ja nun auch nicht sein. Und das mit Mitte zwanzig.

Da las ich etwas in der Zeitung über eine Art Umschulung, eigentlich nur für Langzeitarbeitslose, aber ich versuchte dennoch, mit einzusteigen, und bekam eine Zusage. Das Übergangsgeld, das die anderen Teilnehmer vom Arbeitsamt erhielten, wurde mir als Rentnerin natürlich verwehrt, aber mir war die Gemeinschaft wichtig und dümmer würde man dabei auch nicht werden.

Dort lernte ich dann meinen jetzigen Mann kennen und lieben. Den großen Altersunterschied von fast zweiunddreißig Jahren, der mir am Anfang ziemliche Bauchschmerzen bereitete, versuchte ich einfach zu übergehen. Nur zu oft hatte ich erleben müssen, als behinderte Frau nicht wahrgenommen oder gar missachtet zu werden. Zumindest empfand ich es so. Außerdem tat er mir gut. Ich fühlte mich geborgen und angenommen so, wie ich war, und nicht nur als Behinderte. Zu guter Letzt ging mir natürlich auch wie immer die passende Textzeile von Udo Lindenberg durch den Kopf: »Liebe ist nur gut, wenn sie stärker macht.«

Aber auch er machte es sich nicht leicht, hatte anfangs ständig Ausreden, weshalb er nicht mit zu mir in die Wohnung wollte, nicht mal auf eine Tasse Kaffee. Er schlief in der Zeit der Rekonstruktion und Renovierung der Wohnung lieber in seiner Gartenlaube, obwohl es schon viel zu kalt darin war und ich ihm eine Übernachtungsmöglichkeit für einige Wochen bei mir angeboten hatte. Er sorgte sich ganz offensichtlich um das Gerede der Leute. Mir machte das überhaupt nichts aus. Sollten die doch quatschen, was sie wollten. Ich gab ohnehin nichts mehr auf das Getuschel der anderen, die mir ja sonst auch nicht halfen. Zu diesem Zeitpunkt war ich mit meinem späteren Mann auch noch nicht als Paar zusammen. In seiner Gegenwart fühlte ich mich einfach wohl, das signalisierten mir alle meine Sinne. Und er half mir, wo er konnte, wie man sich eben unter Freunden hilft. Ich habe es auch immer so gehalten.

Vielleicht fing ich auch langsam an, Gefühle für ihn zu entwickeln, ich weiß es nicht. Sicherlich kam irgendwie alles zusammen, die Traumatisierung von der letzten Beziehung, aber auch Spannungen zu meinem Elternhaus. Denn darauf konnte ich zu diesem Zeitpunkt nicht mehr zählen. Keiner meiner Eltern wollte verstehen, dass ich es einfach satt war, immer nur hin und her gestoßen zu werden und dass es keinen so wirklich interessierte, wie ich mich danach sehnte, einfach nur in den Arm genommen zu werden. Sicherlich war Alfred auch ein bisschen Ersatz für den Vater, den ich nie wirklich hatte, da ich ein Scheidungskind bin und mein Vater uns verließ, als ich sechs Jahre alt war. So richtig gestört hat mich das aber nie, glaube ich zumindest, da er im selben Ort wohnen blieb, dann mit neuer Frau. Mein Kontakt zu ihm riss auch nie endgültig ab, das wollte Mutti nicht und ich irgendwie auch nicht, aber wie auch immer, ich hielt meine Verbindung für Liebe, denn sie machte mich glücklich, in jeder Beziehung, und nur das zählte für mich.

Geheiratet haben wir dann ziemlich schnell, da, in meiner Denkweise, ein einmal gefasster Entschluss auch zeitnah umgesetzt werden muss.

Mit dem aber, was dann kam, hatte wohl keiner von uns beiden so richtig gerechnet.

Den Preis, den wir dafür zahlen sollten, war hoch, und erst einmal war unser Weg voller Hindernisse. Angefangen mit all den Urkunden, die wir vorlegen mussten. Obwohl ich weitaus weniger zu »beweisen« hatte, was Scheidungsurkunden anging, hatte ich dennoch ein Problem mit meinem Vornamen, der laut Abstammungsurkunde nämlich anders geschrieben wurde. Auf einmal hieß ich »Nicoll« und nicht »Nicole«. Ich wollte aber in der Heiratsurkunde nicht wie die Hunderasse geschrieben sein, denn daran hat es mich erinnert, an einen Collie. Also musste ich eine Namensänderung beantragen, um mich so schreiben zu dürfen, wie ich mich seit 24 Jahren schon schrieb, mit einem l. Dies kostete mich 500,- DM und ein halbes Jahr. Bevor ich aber alles andere hätte ändern müssen, was mit Sicherheit teurer geworden wäre, habe ich lieber das gemacht. Nach unserer Hochzeit, gegen die so ziemlich alle waren, schickte mir meine Mutter die Geburtsurkunde, die sie von mir bekommen hatte. Komischerweise stand ich dort mit einem l, eben »Nicole«. Aber gebracht hätte es sowieso nichts, da ja die Abstammungsurkunde gefordert war.

Wie sich unschwer vermuten lässt, erschienen meine Eltern trotz Einladung nicht bei unserer Hochzeit. Auch die Kinder meines Mannes brachen den Kontakt ab. Scheinbar konnten sie diesen Schritt genauso wenig wie meine Eltern verstehen und sich damit abfinden schon gleich gar nicht. Waren seine Kinder doch alle älter als ich, was schon etwas Komisches hatte. Ich war aber zu glücklich, um mir das kaputt machen zu lassen, und wir versuchten trotzdem, ein normales Familienleben zu führen. Auch weigerte ich mich, gerade jetzt auf meine Eltern zu hören, die mich im Stich gelassen hatten, wie ich es zu diesem Zeitpunkt empfand. Ich ließ mich auch nicht beirren, als ich auf einmal mit etlichen Schulden aus einer früheren Ehe meines Mannes konfrontiert wurde. Aus heutiger Sicht verstehe ich meine Mutter, denn er hatte vorher schon anklingen lassen, wie seine finanzielle Situation war. Ich hatte nichts von alldem verstanden, verstehen wollen und/oder empfand es nicht als ausschlaggebend. Zudem war die Situation damals noch eine andere und keine Gefühle auf meiner Seite im Spiel gewesen, und wenn, dann nur als guter Freund, der super zu meiner Mutter passen würde. Altersmäßig sowieso. Aber gut, das Leben hat da seine eigenen »Regeln«.

Jedenfalls rasselten wir die ersten sechs bis sieben Jahre von einer Katastrophe in die nächste und wuchsen immer enger zusammen, obgleich das ja eigentlich verhindert werden sollte. In dieser Zeit erlebte ich dennoch die bisher glücklichsten Jahre meines Lebens. Wahrscheinlich, weil wir uns von keinem reinreden ließen. Trotz allem hinterließ so manche Trotzreaktion, die sicherlich auch manchmal dabei war, ihre Spuren, und wir mussten eine Entscheidung treffen, die erneut unser bisheriges Leben auf den Kopf stellen sollte. Zu hoch hatten wir »gepokert« und zu tief waren wir gefallen. Mit dem Verstand von heute kann oder muss ich sagen, dass zum großen Teil ich es war, die die Gesamtkosten unterschätzt hatte. Auch wollte ich auf nichts verzichten und der Ratenkauf wird einem ja so leicht gemacht. Der Verstand war wahrscheinlich bei mir auch noch nicht da, in meinem jungen Alter, und die Erfahrung, gerade was das Finanzielle angeht, hat bei Alfred wohl ausgesetzt vor lauter Verliebtheit. Wie auch immer, jahrelang habe ich das jedenfalls von meiner Mutter zu hören bekommen, als wir nach langer Zeit irgendwann wieder miteinander sprachen. Ich denke mal, es waren sechs bis sieben Jahre der Funkstille. Wie sehr mich das eigentlich geschmerzt hatte, konnte ich Jahre später erst zugeben.

Auch deshalb brauchten und wollten wir also einen Neuanfang. Am besten so weit weg, wie es ging. Weg von aller geheuchelten, verlogenen und auch gespielten Freundlichkeit, und vor allem weg von hier, wo alles voll mit Erinnerungen steckte. Jetzt verband ich den Osten Deutschlands auf einmal mit Schmerz, Verzicht und auch Trauer, die ich während meiner Kindheit und Jugend lange genug erlebt hatte. Mit Sicherheit spielte auch das zwieträchtige Verhältnis zu meinen Eltern eine große Rolle.

Heute sehe ich das endlich so und kann es auch zugeben. Und was noch dazukam: Udo Lindenberg fiel mir wieder ein, mein »Seelentröster«, der er immer war. Auch hatte ich seit Kurzem ein Tattoo von ihm, kein Porträt, nur einen Hut und die markante Sonnenbrille mit der Aufschrift »Keine Panik« darunter. Das fand ich origineller, da das Aussehen sich ja bekanntlich verändert. Warum also nicht gleich nach Gronau, das ich als Kind schon immer als heiligen Ort angesehen hatte, da Udo Lindenberg dort geboren war? Ich war aber auch realistisch genug, um Hamburg, seinen bevorzugten Wohnsitz, in meinem Gedankenspektrum zu streichen. Unsere körperlichen Einschränkungen waren undenkbar für eine Großstadt, vom Finanziellen mal ganz abgesehen.

Also Gronau, tolle Idee. Einmal quer durch Deutschland, über 600 Kilometer. Neue Gegend, neues Umfeld, neue Leute, das klang gut und der Abschied tat gleich nicht mehr so weh. Je länger ich darüber nachdachte, umso euphorischer wurde ich. Wir hatten ein halbes Jahr zuvor zufällig ein paar Tage Urlaub dort gemacht und ich wusste, ich komme mit meinem Dreirad wunderbar klar und auch überall allein hin. Nichts ist schlimmer, als ständig auf jemanden angewiesen zu sein, der dich fährt. Also setzten wir alles auf eine Karte und wagten diesen Schritt. Wir hatten sowieso keinen großen Optionsspielraum, und bevor wir noch mehr innerlich zerbrechen und mit gegenseitigen Schuldzuweisungen beginnen würden, die doch nichts brächten, »brachen wir mal wieder unsere Zelte ab«. Irgendwie waren wir »ausgepowert« und dennoch glücklich, wieder eine Lösung gefunden zu haben, bei der beide mitgehen konnten. Zumindest sagte er das zum damaligen Zeitpunkt. Ich war von jetzt auf gleich sowieso schon wieder auf meinem nächsten »Höhenflug«.

Doch irgendwie war es von Vorteil, dass ich so bin und mich nichts so schnell umhaut, zumindest in meinem damals noch sehr jungen Alter von fünfunddreißig Jahren. Mein Mann war inzwischen sechsundsechzig und steckte das nicht so leicht weg, was ich aber erst sehr viel später feststellte.

Bei unserem Neuanfang gab es wieder ganz liebe Freunde, auf die wir zählen konnten, ob in Form von Umzugshelfern oder bei der Vermittlung von wertvollen Kontakten bis hin zur direkten Hilfe in der neuen Wohnung. (Ein großer Dank gilt noch einmal Familie Richter und Familie Groh aus Kloster Lehnin und Damsdorf (Brandenburg).) Den Umzug konnten wir auch nur bezahlen, da wir vorher alles verkauften, was irgendwie ging. Gartengeräte, Werkzeug bis hin zu Einrichtungsgegenständen. Auch das privat organisierte Umzugsunternehmen kam uns entgegen und wir durften den Betrag in Dreimonatsraten begleichen. Anders wäre es gar nicht machbar gewesen.

Beim ersten Weihnachtsfest in der neuen Umgebung hatten wir fast nichts zu essen. Zu extrem waren noch die alten Belastungen. Unser damaliger Vermieter hatte uns einen Teil der Mietkaution geborgt, damit wir erst einmal zurechtkamen. Die ersten drei, vier Jahre waren ziemlich hart, aber ich fühlte mich irgendwie befreit. Außerdem war dieses kleine Städtchen wie geschaffen für mich. Da ich aufgrund meiner Hirnverletzung kein Auto fahren darf und nur auf mein Dreirad als Fortbewegungsmittel zurückgreifen kann, waren die mir gut ausgebauten Radwege besonders wichtig, die ich bei unserem Osterkurzurlaub schon wahrgenommen hatte, ohne an etwaige Umzugspläne auch nur zu denken. Doch mit dem generellen Fahrverbot für mich stimmte es nicht so ganz. Ich strebte einige Jahre später einen Führerschein an und begann auch damit, was aber die nächste Katastrophe bedeutete. Der Grund für meine Überlegung war, dass mein Mann zunehmend Probleme damit hatte, ein Auto sicher zu fahren. Die Bewegungseinschränkungen nahmen bei ihm zu und er bekam aufgrund einer Thrombose in den Augen Spritzen mit nachfolgender OP aufgrund einer Netzhautablösung. Zu diesem Zeitpunkt wusste ich, dass das Autofahren jetzt mein Part war. Nach ewig langen Diskussionen überzeugte ich meinen Mann endlich. Zumindest gab er sich einsichtig, als ich ihm sagte, dass ich bei den Fahrten mit dem Auto Angst neben ihm hätte.

Wir wohnten ja schon im dritten Jahr an der Grenze zu Holland und hatten schon des Öfteren Autos mit begrenzter Geschwindigkeit und für behinderte Personen gesehen. So etwas konnte ich mir vorstellen. Noch dazu hatten sie Automatikgetriebe. Das dürfte machbar sein, dachte ich übermütig. Eine Fahrschule war schnell gefunden und sofort fingen die Probleme an. So ohne Weiteres ging erst mal gar nichts. Zwei Gutachten der amtlich anerkannten Gutachtenstelle für Fahreignung Münster wurden gefordert. Außerdem ein verkehrsmedizinisches und dann noch ein verkehrspsychologisches. Nachdem ich diese beigebracht hatte, war ein halbes Jahr verstrichen und ich die ersten 600,- Euro los.

Ziemlich erniedrigend war vor allem das zweite Gutachten, da ich dieselben Aufgaben bekam wie einer, der unter Drogeneinfluss Auto gefahren ist, im Volksmund »Idiotentest« genannt. Aber auch beim ersten Gutachten hatte ich keinen guten Start. Ich kam drei Stunden zu spät. Bei meiner ersten Fahrt nach Münster war der Zug per Notbremse durch den Zugfahrer gestoppt worden. Jemand war wohl vor den Zug gesprungen. Auch wenn ich nichts gesehen hatte von dem Unfall, so gab es doch ein riesiges Durcheinander und wir mussten mitten im Gelände in Ersatzbusse umsteigen. Nicht die optimalen Voraussetzungen für solch einen wichtigen Tag. Nachdem ich dann durch die halbe Stadt geirrt war, da mir keiner sagen konnte, wo ich nun genau hinmusste, kam ich ziemlich fertig und auf wackeligen Beinen in der Gutachtenstelle an. Trotz der abschätzenden Blicke, die ich kassierte, habe ich diesen Tag überstanden, wie so viele andere auch.

Jetzt konnte es losgehen. Dachte ich. Aber ich brauchte erst noch solch ein Behindertenfahrzeug, da ich nur auf diesem geprüft werden durfte. Auch das leuchtete mir ein. Ich kaufte mir ein gebrauchtes sogenanntes »Mopedauto« und die Probleme fingen an, obwohl mir das Geld dazu ein guter Freund geliehen hatte, was wir jahrelang zurückzahlten. Nicht nur, dass der Wagen Schrott war und nur so lange richtig fuhr, bis wir den Vertrag unterschrieben hatten, nein, auch ganz ungeahnte Probleme stellten sich plötzlich ein, aber der Reihe nach. Etwa genauso viel, wie der Wagen gekostet hatte, steckten wir an Reparaturkosten rein, ohne wirklich langfristig etwas davon zu haben. Auch war es schwierig, das Schild »Fahrschule« zu befestigen, da das Fahrzeug nicht wie üblich aus Metall war, sondern aus Plastik. Es auf dem Dach per Magnet anzubringen ging schon mal gar nicht. Das Zweite war, dass diese Autos keine Rückbank haben, wo normalerweise der Fahrprüfer sitzt, wenn es so weit ist. Die Überlegung, mit meiner Fahrlehrerin alles per Funk und »Headset« zu regeln, ging insofern nicht, als ich seit dem Unfall erhebliche Hörschwierigkeiten habe. Die viel zu intensiven Umgebungsgeräusche kamen noch dazu.

Noch ließ ich mich aber nicht entmutigen und absolvierte die theoretische Prüfung, bestand auch gleich beim ersten Mal. (Mein Dank gilt dafür noch einmal der Fahrschule Pogorzelski, die mich sehr unterstützt und auch versucht hat, mir den Führerschein zu ermöglichen.) Leider zeigten sich dann in der Praxis meine neurologischen Defizite. Es gab zu viele Informationen auf einmal, die ich nicht umgesetzt bekam. Jedenfalls nicht schnell genug. Die Angst vor dem Gegenverkehr kam erschwerend hinzu.

Das Autofahren war damit also vom Tisch, es ist aber in dieser Kleinstadt auch nicht zwingend notwendig. Jetzt fahre ich wieder

Fahrrad. (Dank geht dabei an meinen Vater, der trotz der Scheidung von meiner Mutter immer für mich da war. Selbst während meines Unfalls hatte er Mutti ständig ins Krankenhaus gebracht und bezahlte auch jetzt die Fahrstunden, die bei mir aufgelaufen waren.)

Nun konnte ich mich also wieder »den wichtigen Dingen« widmen, scherzhaft gemeint natürlich. Im Jahr 2014 wurde mein Kämpfen um Udos Ansehen endlich belohnt. Hatte ich noch 2010 versucht, hier in Gronau einen Udo-Lindenberg-Fanclub zu gründen, was wie so vieles kläglich scheiterte, so kam ich im selben Jahr übers Internet mit zahlreichen Udo-Lindenberg-Fans in Kontakt, die ich jetzt überwiegend auch persönlich kenne. Nach all den Jahren meines einsamen Fan-Daseins erlebte ich 2014 erstmals ein »Rockliner-Veteranen-Treffen« (RVT) mit, eine Art Klassentreffen, das ursprünglich von den Mitfahrern des Kreuzfahrtschiffes gegründet wurde und das Udo Lindenberg ins Leben gerufen hatte. Inzwischen hat sich aus diesen Treffen eine Art Event »herauskristallisiert«, wo jeder willkommen ist, der auf Udos Musik steht.

Fast hätte ich noch in letzter Minute alles abgesagt, da ich regelrecht Panik vor den Reaktionen hatte, wenn ich dort mit meinem Rollator ankäme. Aber ein Anruf vorneweg, von einer ebenfalls gehandicapten Person, die anwesend sein würde, ließ mich meine Zweifel schnell vergessen. Ich wurde wirklich sehr herzlich aufgenommen und wie überall wurde mir auch am Anfang bei allem geholfen. So konnte ich wenigstens für ein Wochenende all meine Sorgen vergessen, die sich durch die Jahre zwischen mir und meinem Mann ergeben hatten. Vor allem betraf dies die gesundheitlichen Probleme bei meinem Mann, die immer schlimmer wurden.

Wir wohnten inzwischen gemeinsam im Betreuten Wohnen, was mir den Freiraum gab, wenigstens ab und an etwas Zeit nur für mich selbst zu haben. Zum Reha-Sport, der für mich ein unabdingbares »Muss« geworden war, um nicht zurückzufallen, musste er mich begleiten. Und auch er musste etwas tun, um den körperlichen und geistigen Verfall aufzuhalten. Ich bin der Meinung, dass das jeder tun sollte, wenn es irgendwie möglich ist. Nebenbei ging ich auch noch zum Chor. Einerseits, um meine Stimme zu kräftigen, oder was man so Stimme nennt, aber auch, um Kontakte zu Gleichgesinnten und Gleichaltrigen zu knüpfen, und nicht zuletzt, um mir eine Auszeit von Alfred zu nehmen. Auch mit Keyboard-Unterricht habe ich es eine Zeit lang versucht, um mir etwas Freizeit zu gönnen und weil ich Spaß daran hatte. Aber genau wie beim Trommeln machten sich neurologische Defizite bemerkbar und Erfolge blieben größtenteils aus.

Doch wurde die Situation mit Alfred zunehmend schwieriger und ich konnte ihn nicht mehr so lange allein lassen. Selbst wenn ich mich dagegen sträubte, musste ich leider zugeben, dass Mutti mal wieder recht gehabt hatte. Ich versuchte noch vieles mit Udo zu kompensieren, aber die Liebe zu Alfred wurde von Jahr zu Jahr weniger. Und da spielte nicht primär die immer schlechter werdende Gesundheit meines Mannes eine Rolle, aber natürlich auch. Ich erkannte plötzlich, dass auch ich ein Anrecht auf Glück hatte und ich nicht mehr nur Pflegekraft und Haushaltshilfe sein wollte. Seit meinem Wochenende mit den anderen Udo-Fans schien mir bewusst geworden zu sein, dass ich ja auch noch da war. Ich hatte endlich erfahren, wie viel Spaß es macht, mit Gleichaltrigen etwas zu unternehmen, die genauso Udo-verrückt waren wie man selbst.

Die Statue von Udo Lindenberg, die ihm die Gronauer Fangemeinde »spendiert« hatte und die seitdem den Kreisverkehr in der Ochtruper Straße schmückt, hat er selbst im Mai 2015 enthüllt. Das war ein super Event, für den alle Udo-Fans aus Ost und West anreisten, wodurch ich meine Wahl, nach Gronau zu gehen, einmal mehr bestätigt sah. Doch trotz all dem, das spürte ich damals, war es irgendwie das Ende meiner über dreißigjährigen

»Reise« mit ihm. So oder so ähnlich muss ich es empfunden haben. Ich war mit meinem Rollator vor Ort, damit ich etwas schneller und vor allem sicherer war. Ich bin ihm wie so viele hinterhergerannt, so wie damals, und ich hatte ihn auch kurz im Arm, aber das war nicht mehr der Udo, den ich so viele Jahre verehrt, regelrecht vergöttert hatte. Auch wenn ich meine Enttäuschung nicht sofort zulassen wollte, es hat mich schon sehr getroffen. Ich habe ihn so empfunden wie diese »Angelika aus Winsen an der Luhe«, die er einst besungen hat und die diesen unbekannten Typen neben ihr voller Hohn übersieht. Ich musste feststellen, dass »mein« Udo auch bloß Dollarzeichen in den Augen hatte und keiner mehr von uns war, lange schon nicht mehr. Auch die zehnjährige Verlängerung seiner Karriere, die er den Ostdeutschen zu verdanken hat, schien er vergessen zu haben. Es fiel mir wie Schuppen von den Augen und mein Herz bekam den ersten Riss, so blöd es auch klingen mag.

Wieder zurück auf dem Boden der Tatsachen, fing ich endlich an, an mich zu denken, und machte erst einmal einen OP-Termin, um meine Narbe am Hals vernünftig verschließen zu lassen und/oder mir das wilde Fleisch entfernen zu lassen, was sich um den Luftröhrenschnitt herum gebildet hatte. Viele Jahre hatte ich das schon. Es sah nicht schön aus, aber ich hatte nie wirklich Zeit gehabt, mir darüber Gedanken zu machen. Das Eheleben hatte mich schon ziemlich an den Rand des Wahnsinns gebracht. Ich hatte auf einmal fast ein großes Kind statt eines Ehemanns, dessen Leben ich jetzt auch noch zu organisieren hatte, sämtliche Termine überwachen, Finanzen, Handy … und, und, und. Haushalt und Einkauf galt es noch nebenbei zu erledigen. Wie oft habe ich damals gedacht: »Ich kann nicht mehr.« Aber was hätte mir diese Aussage genutzt oder, vor allem, wem gegenüber? Wenn ich heute darüber nachdenke, so war es sicher auch der Anfang einer Demenz-Erkrankung.

So richtig helfen wollte mir aber keiner, weder der Sozialarbeiter aus der Geriatrie noch der Medizinische Dienst der Krankenkasse (MDK), der jedes Mal eine Pflegestufe für Alfred ablehnte und den Widerspruch auch. Von unserer Absprache, bei totaler Hilflosigkeit einen Platz im Pflegeheim in Anspruch zu nehmen, wollte mein Mann nichts mehr wissen. Seinen tatsächlichen Gesundheitszustand verharmloste er regelmäßig, besonders bei der Begutachtung durch den MDK. Ich konnte zwar verstehen, dass es ihm peinlich war, aber das bedeutete für mich auch ein »Weiter-so«. Als er eines Tages einen leichten Schlaganfall erlitt und ins Krankenhaus eingeliefert wurde, stand mein Entschluss so gut wie fest: Ich musste ausziehen, sonst würde sich nie etwas ändern. Und als hätte ich es gewusst, bekam ich schon wenige Stunden später einen Anruf von ihm mit der Bitte, ihm noch am selben Abend Sachen vorbeizubringen, da ihm ein Missgeschick passiert sei und er unbedingt frische Sachen brauche. Es war, glaube ich, schon nach sieben Uhr und ich hätte viel lieber einen gemütlichen Abend eingeläutet, aber nein, es musste ja wieder sofort sein.

Das Fahrrad konnte ich nicht nehmen, da es in Strömen regnete. Meine Nachbarin Gisela, eine gute Freundin bis heute, war mit ihrem Mann selbst gerade bei Freunden, die konnte ich also nicht bitten, mich zu fahren. Meine andere Bekannte war schon fast im Bett, blieb also nur das Taxi. Bargeld hatte ich natürlich keins im Haus und an Kartenzahlung im Taxi glaubte ich nicht. Eine andere Nachbarin konnte mir wenigstens etwas Geld leihen. Also dann Taxi. Ich probierte auch gleich mal ein anderes Taxiunternehmen aus, das mir eine Bekannte empfohlen hatte und mit dem ich noch nie gefahren war. Jedenfalls sollte scheinbar alles so kommen, wie es dann kam, denn dieser Taxifahrer war es, der mir meine Entscheidung auszuziehen vollends bestätigte. Auf einmal sah ich klar vor mir, was ich wollte, und vor allem das, was ich nicht mehr wollte.

So fuhr ich also zu meinem Mann, brachte ihm die frischen

Sachen und nahm die verschmutzten gleich wieder mit. Alfred wollte mich noch in ein Gespräch verwickeln, aber ich war gedanklich und »herztechnisch« schon wieder bei meinem Taxifahrer. Der hatte netterweise gewartet und brachte mich gleich wieder zurück.

Wenige Tage später begann ich mit der Wohnungssuche und wurde auch bald fündig. Drei, vier Monate später zog ich in meine heutige kleine Appartementwohnung, ebenfalls im Betreuten Wohnen, die unweit meiner alten Wohnung liegt. Für meine Gesundheitssituation ist das sehr wichtig und auch notwendig, und vor allem ist es zukunftsorientiert. Bevor ich aus der alten Wohnung auszog, konnte ich mich noch versichern, dass mein Mann die erste Pflegestufe zuerkannt bekommen würde und für die nächste freie Wohnung im Pflegeheim, das im selben Areal liegt, vorgesehen war. Es dauerte auch keine zehn Wochen, bis dies der Fall war. Ich half ihm noch, die alte Wohnung aufzulösen, sorgte für die Übergabe der wichtigsten Unterlagen an seinen Betreuer und besuchte ihn auch anfangs noch in seiner neuen Umgebung.

Ich war in der Zwischenzeit wieder etwas zur Ruhe gekommen und fing endlich an zu leben. Dieser Erholungsprozess dauert bis zum heutigen Tage an, auch wenn mein Mann nicht mal ganz zwei Jahre im Pflegeheim verbrachte, bis er verstarb. Ich bin mir sicher, alles in meiner Macht Stehende getan zu haben, um ihm ein würdevolles Ende zu bereiten. Wir haben die Jahre genutzt, die wir zusammen hatten, und siebzehn Ehejahre sind es geworden, gegen alle Widrigkeiten und Steine, die uns in den Weg gelegt wurden.

Das alles ist nun schon wieder fünf Jahre her, und auch meine liebe Mutti ist jetzt schon zwei Jahre tot, aber wir hatten uns sofort nach meinem Auszug aus der ehelichen Wohnung versöhnt. Ich war mit einem Mal seelisch wieder viel ausgeglichener und wir rauften uns Gott sei Dank wieder zusammen. Meinen Papa

habe ich noch und unser Verhältnis ist jetzt sogar noch enger
geworden, auch wenn man sich sehr selten sieht. Aber er kennt
meinen Jürgen, den Taxifahrer, der zum Glück noch immer an
meiner Seite ist. Was als »harmloser« Flirt zwischen uns begann,
wurde schon bald zu einer engen Verbindung, die wohl keiner
von uns beiden jemals wieder missen mag.

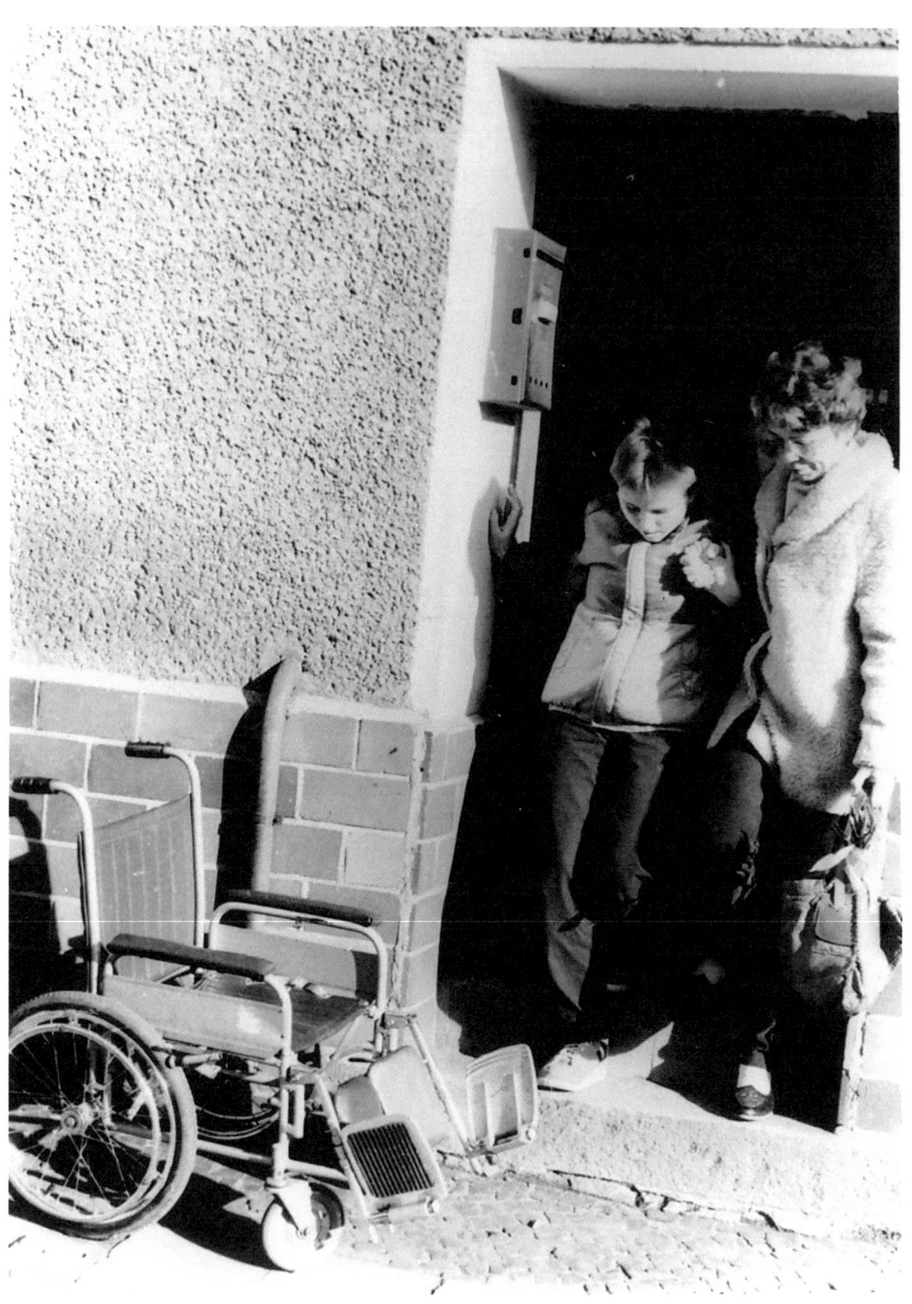

Nicole Biwanno, später Jüngling, mit ihrer Mama im Haus ihres Opas

Nicole Biwanno, später Jüngling, mit ihrer Mama im Haus ihres Opas

Die Autorin

Nicole Jüngling (geb. Biwanno), ist 1974 in Alt-döbern geboren und im nahe gelegenen Vetschau/Spreewald (Brandenburg) aufgewachsen. Als fast Dreizehnjährige erlitt sie einen schweren Verkehrsunfall mit schwersten Hirnverletzungen. In ihrem jahrelangen Überlebenskampf wurde sie getragen durch die Begeisterung für Udo Lindenberg, deshalb auch die Verbindung zu seiner Geburtsstadt. Seit ihrem Umzug nach Gronau/NRW im Jahr 2009 ist sie im Leben angekommen und hat offenbar ihre große Liebe gefunden.